愛に抱かれて

大徳寺昭輝

Daitokuji Teruaki

春秋社

愛に抱かれて　目次

母のこころ……3

愛に抱かれて

母のこころ

女性は太陽

太古より、天照大御神様《あまてらすおおみかみ》というのは、女性というより、女性にも男性にも共通の、人間が本来持っている「女性」性というもの、「母性」というもの、やさしさを表すお姿です。

「元始、女性は太陽であった」という言葉がありますが、太陽の輝きというものは、あたたかさであり、太陽がギンギンに熱を帯びて照らしたら焼けてしまうわけです。

だから、本来の「女性」性は、やはりあたたかさであります。決して強いものではないのです。ご主人や子どもに対して強く、焼くような熱さで愛を注ぐというのは違います。愛といっても、利己的なかわいいとか、こうしてほしいという要求の愛とは違うわけです。

天照様が持っているあたたかさというのは、「ぬくもり」であり、本来、女性は「ぬくもり」が大切であります。陰になり、日向になり、裏に回っては励まし、表に出ては自分の我を出さず、常に微笑みを絶やさないのが、真の女性のやさしさです。

ぬくもりというものは、言わば、鳥が卵を温めるようなものです。卵というものは、とてもか弱く、あまりにも抱きしめてしまうと割れてしまうけれども、それを包むように守り、育《はぐく》むことです。

日本の昔話に、金太郎こと、坂田金時のお母さんの伝承があります。

源頼光の家来に子どもを預け、「あなたが都で成功されるなら、私のことは心配することはありません。あなたは都で人のために尽くすのです。私のことは大丈夫です」といって、山奥に消えてゆきました。

本来、母の愛というものは、自分がこうしてほしいというものではなく、あなたが立派になれば、あなたがすばらしくなれば、という愛の姿ではないかと思うのです。

母の美しさというものは、さまざまな日本文学の中にも描かれています。

子宮は地球

男性には男性の役割、女性には女性の役割というものがあります。女性も男性も、大切な存在なのです。私は、女性にある子宮というものは地球であると思っています。その子宮から、この世に生命を送り出すということは、女性は男性以上に生命力を持っているということです。

男性は男性、女性は女性。男性と女性は、それぞれ異なったすばらしいものを持っています。

「男性は男性らしく、女性は女性らしく」。この世を生きるために、すばらしい才能をいただいているのです。

暗く厳しい時代になって、私が開いている天命庵に来る人が多いのですが、最近は、ご夫婦や家族で来られる方が増えました。そして夫婦円満になって帰っていかれる。

最近の相談は、「こうしているのに夫が振り向いてくれない」とか、「自分だけが介護で大変だ」とか、「痴呆の両親を抱えて大変だ」とか、そういう問題が多い。それから、子どものひきこもり。よい大学を出てこれから社会で活躍していくという時に、家にこもってしまい一歩も出ないという現実的な問題、精神的な問題が多くなったような気がします。

少し前は、ガンとか心臓病とか、肉体的な病気で相談に来られる方が多かったのですが、今は精神的な問題にぶつかって悩んでおられる方が多いようです。

そして「自分が理解されない、自分が主人のために、母親のためにこんなにしているのに、どうしてもわかってくれない」という人が多い。そういう方が、

「理解されない」とか「こんなにしているのに」ではなくて、「させていただいている」という気持ちに変わった時に、人は大きく変わります。

家庭の根本である夫婦の問題ということでいえば、やはり与え合っていない夫婦が多い。ご主人も奥さんも、自分が理解されたい思いが強くて「自分」が強い。ひと昔前は、仕事をしながら家庭を守るとか、与え合うものがあった。今は、夫婦の中でも個人主義になってしまったようです。

「自分のことを理解してもらえない」「振り向いてもらえない」という人が多く、「私はこうしてほしいの」というところだけが強くて問題になっていることが多いように思われます。こうしてほしい、ほしい、という欲ですね。お互いが打算的になっている。それを解決していかなくてはいけません。

夫婦関係において、女性の役割は大きいものです。女性は男性を立て、男性がいい仕事ができるように支えてあげることです。

ギリシャ神話に、ガイアという地母神が出てきますが、地母神とは大地です。女性とは大地です。大地がしっかりしないと、家庭が揺らぎます。家を建てるのにも、地面がしっかりしていなくてはいけません。砂の上に家を建てたら、すぐに崩れてしまいます。

女性とは大地、土台ですから、しっかりしなくてはいけない。地面があるからこそ、夫がいい仕事ができる。これが本来の女性の役割であるはずです。

家事をしたり、家庭を守ったりすることだけが女性の役割ではありませんし、もちろん仕事も大事です。しかし、大地があり、そこにやさしさがあり、ぬくもりがあり、そこに初めて家というものが成り立っていくのです。

すべての人には役割があります。

大切なのは、男性の志、女性の志というものです。自分の責任、自分がこの地球を守っていくという責任です。今この世に生きている人の中で、役割のない人はいません。すべて役割がある。みんながその役割を果たせばいい。役割を果たしていくのだという志、この愛する子どもや夫のために、この家の大地になろう、この家を支えていこう、という志をもてば、世の中は変わっていくのです。

やはり、強い志というものが大切だと思います。その意味で、芹沢光治良《こうじろう》先生は、九十歳から七年間、毎年一冊書き下ろしで「神のシリーズ」全八巻を出されました。これはすごいことです。九十歳代で書き下ろしを出された人というのは、歴史的にもかなり少ないのではないでしょうか。

それを支えたのは、お嬢様の芹沢文子先生でした。お嬢様ですけれども、光治良先生の大地となって、先生のお体が弱くなられてからは一日も外泊することなく、家に帰って足を揉んだり、食事の支度をしたり、いろいろとお世話をして支え続けたのです。

この方がいたからこそ、名作が生まれました。今度ロシア語にも翻訳されることになったそうですが、土台である女性の役割は大きいと思います。

人間というのは、もう役割が終わったと思ってしまうところから、人間らしさを閉じてしまいます。ご両親のやりたいことを認めて支えていったら、ご両親も最後まで自分の能力を果たせると思います。介護そのものが不要になるでしょう。

年を重ねた人は賢者

今の人は自分のことで忙しい。与えることを忘れて自分のことで忙しいから、ご両親へ目を向けることを忘れてしまっている。真にお年寄りを作らない世の中を造らなければなりません。九十だからお年寄り、ではなくて、九十歳になれば九十歳の役割が、百歳には百歳の役割があるわけです。

天命庵には、九十九歳の方が名古屋から湯河原まで毎月欠かすことなく通って来られる。全然ボケてなどいませんし、疲れた方の体をマッサージしにいくようになってからは、ますます元気になられました。「私は歳は忘れました。必要とされているので、もう忙しいんです」と言われます。

人間というのは、必要とされなくなったらボケてくると思います。必要とされていたら、ボケている暇などありません。

ある意味で、今の社会は「姥捨《うば》て山、爺捨《じじ》て山」かもしれません。「お年寄りだから」とか、「後期高齢者」という言葉がいけない。「定年」という言葉もなくすべきだと思います。

それくらい意識を変えていかなくてはいけない。人間は本来、意識によって生きているわけです。心に凭《たよ》って生きている。

心が閉じてしまってはいけません。心が閉じないような教育、心が閉じないような社会を造っていかなくてはいけない。社会そのものが、母性をもたなくてはいけないのです。

特に今は、経済だけでなく、社会も冷たくなってきています。社会そのものにあたたかさが必要であり、最後の最後まで、その人の役割を果たさせてあげたい。

重労働を与えるということではなくて、「あなたが必要ですよ」という、その役割に目覚めさせてあげることが必要なのです。

お年寄りには、お年寄りの知恵があります。そういうものを感じる社会にしていかなくてはいけない。現実に今、お年を召した方、経験者による起業というものも生まれていますが、その成功の様子がよくテレビにも紹介されます。

社会そのものが、天照様のようなあたたかな社会性をつくっていかなくてはいけないと思うのです。

感謝の念が自然を護る

相手に対する要求が強いということは、今の地球の状態にも現れています。たとえば砂漠化が進んでいるということは、木を倒せば倒しっぱなしということの結果です。昔の漁師さんは必要な分だけ獲《と》って稚魚は殺さないとか、木を切ったら新しい木を植えるとか、与えることをしている。与えることができるということは、与えてもらっていることを知っているということです。

今の人たちは、与えてもらっていることを知りません。資源があれば、それは自分のものだから勝手に使えばいい、と思っているようです。

昔は「木守り」という考え方がありました。柿も全部もぎ取らないで、少し残しておくのです。鳥や自然に与えるために残しておく。「分かち合う」という思想がありました。昔から日本には「エコ」があったわけです。

与えていただいているという考え方が生まれなかったら、「エコ」は存在しません。ただ「空気をきれいにしましょう」とか言っても、考え方を変えないと「エコ」にはならない。地球にある資源を自分のものだと思っていたら、それは「エコ」ではないのです。

昔からの信仰が息づいているところでは、たとえば魚をいただいた時は、地元の漁師の方々は魚をいただいたことの感謝のお祭りをします。生き物に対して感謝を捧げる。木を伐採する方は、木の神様に「ありがとうございます」という感謝の祈りを捧げる。そういう感謝の祭りからくる思想や道徳というものが、自然を護り続けてきたわけです。信仰がなくなってしまったところは、砂漠化してくる。

伊勢神宮では二十年毎《ごと》の式年遷宮《しきねんせんぐう》［一定の年に新しい神殿を造って祭神を移すこと］のために、たくさんの檜《ひのき》が必要です。私は山田祭というお祭りに呼んでいただいて、木曽のお山に上らせていただきました。

伊勢のご神木《しんぼく》を切る時には祈りを捧げます。その後で新しい木を植える植樹をします。こうして永遠に生命が続いていくわけです。神にご神木をかたじけなくいただくという気持ちがあるから、永遠に二十年毎の式年遷宮が続いていくのです。

信仰心の大切さ

私は決して宗教を否定するわけではありません。しかし、宗教戦争が起きるということは、自分の立場だけを守ろうとする宗教があるということではないでしょうか。

むしろこれからの宗教には、感謝をするとか、信仰心というものを世の中に根づかせ、深い愛をもって広めていくことが求められているように思います。

亡くなられた永平寺の不老閣の老師様が、瀬戸内寂聴様との対談の中で、「どんな宗教を持っていても構わない、ただ、信仰心だけは持っていてほしい」ということを言っておられます。

今は、信仰心のない人が多いように思われます。それは戦後の教育の中で、神というものを語ることが罪悪視され、マスコミ、メディアにしても、何かいかがわしいもののように扱ってきたからかもしれません。

私は三十年間、我が家を天命庵として誰にでも開放し、組織を造らず、信仰心を説いてきました。信仰心イコール愛、信仰心イコール母性です。

世界中を歩いてみると、メキシコにあるガダルーペのマリア様がお祀りされている場所は、メキシコ人の母神信仰の聖地なのです。

今こそ、母なる大地、母なる考え方、そういう母なるものが必要とされているのではないでしょうか。

現に、ここ五年前くらいから「アベマリア」だけのＣＤが売り出されています。今まではそういうことはありませんでした。今、世の中の方々が母性を求めている証拠だと思います。

マザーテレサの本が売れるというのも、やはりお母さんを求めているのです。ある意味、私たちは社会的な孤児《みなしご》です。「お母さん、教えて」という時代が来ているような気がします。

お父さんは、ある意味で偉いので、なかなか近寄りがたい。そのお父さんと自分との間に入ってくれる存在は、やはりお母さんだと思うのです。お父さんにはなかなか話しにくいけれど、お母さんだったら聞きやすい、話しやすいということではないでしょうか。

子育て

子どもというのは、聞いていないようで、本当はよく聞いています。横を向いていても、話をすると手を挙げる。子どもはとても敏感に聞いているのです。大人というのは、聞いているようで、たいていは寝ている。

何もまだ言葉を喋《しゃべ》れない赤ちゃんというのは、すごく集中力があります。全身全霊で、お父さんお母さんが何を言おうとしているのかを感じようとしています。

よく子どもが夜泣きをするのは、夫婦間に何かがあるのかもしれません。「あなたのお父さんはね、出世しないし、あたしは失敗したわ」なんて言っていたら、子どもとお父さんの関係が悪いですよね。

お母さんというのは、自分が決めた人、神の前で結婚した人の悪口は言ってはいけない。この人が生涯の伴侶だと決めた限りは、その人を信じていかなければいけません。今の方は、悪口とか欠点を言う人が多い。雑誌やマスコミ、テレビでもそうです。それがよくない。

逆に、その人のよいところばかりを見て、美点を探さなくてはいけないのです。

「あなたのお父さんは、会社で大変だけど、本当にいい人なんだよ」という言葉を聞いていると、子どもも、「お父さんはいい人だ、そう言っているお母さんもいい人だ」ということになる。

現にそうやって、両親がお互いを認め合い、讃え合う中で育った子どもは、見ていても美しい。お互い喧嘩《けんか》をしたり、悪口を言われながら育った子どもは、見ているとやはり、どこかゆがんでいます。

真ん中に入る母親、女性というのは、父親と子どもとの間の大切なパイプです。よい子どもにしたいと思うのだったら、ご主人のよいところを子どもに聞かせてあげたらいいでしょう。「あなたのお父さん、あなたのおじいさん、おばあさんはすてきな人なのよ」と言ってあげること、それが大切なのだと思います。

近しい人の良いところ、美点を子どもに聞かせてあげることです。子どもには、いい言葉、いい波動というものが伝わっていくものなのです。

子育てというのは、自分を育てるために神様が与えてくれたすばらしいチャンスではないでしょうか。自分が育てるのではなく、子どもによって自分を育ててもらう。子どもがお父さん、お母さんを育ててくれるのです。

愛というものが自分を育ててくれる。愛するからこそ、ご主人のいろいろなことに対しても我慢したり、努力をする。その努力によって、人間というのは成長するわけです。

愛というものは、「巨人の星」に出てくる「大リーグ養成ギブス」だと思います。体力も筋肉も、精神的筋肉もそれによって成長していく、神が与えたすばらしい「大リーグ養成ギブス」。

現に一流のスポーツ選手のコメントを聞いていると、やはりお父さんやお母さんに対して尊敬している人が多い。お父さんはこういう努力をしていたとか、お母さんはこういう苦労をしていたとかを見ていて成長した方が多いようです。

さて、ひきこもりについて考えてみましょう。

ひきこもりは、「ひきこもり」と定義することで生じているように思います。「私がこんなにしているのに、あなたはひきこもって……」と思っている。

そうではなくて、「自分たちは、この子によって育ててもらっている」と思うべきです。「この子は絶対、すばらしい子なんだ」と信じることを忘れてはいけません。

現象が起きた段階から、子どもに対する疑心暗鬼で、信じることを忘れてしまう。この「疑い」によって、「この子はああなるのではないか、こうなるのではないか」と簡単に家から出ないことをひきこもりと決めてしまっているのでしょう。

このように、今は何にでも名前を付けすぎる気がします。名前は形を生じさせます。もしかしたら、「ひきこもり」という問題は、もうずっと前からあったのかも知れません。しかし、昔は、「そう、それなら家にいなさいよ」というふうに、もっとリラックスして対処していたのではないでしょうか。

それを社会現象的に「ひきこもり」と呼んだり、「それは悪いことだ」というふうに悪いほうにもっていってしまう。「ひきこもり」ではなくて、家にいるだけです。今は家で自分を成長させようとしているんだ、と考え方を変えて、「ひきこもり」という言葉を使うのをやめることです。

結婚適齢期を過ぎた人のことを、賞味期限が切れたように言う人がいます。しかし、私は講演で、「結婚適齢期を過ぎた」などという言葉は使ってはいけませんと言っています。現に、四十、五十、六十で結婚される方もいます。

そういうふうに、あまりにも言葉によって決めつけてしまっている。

たとえば、医学的にこうだと病名を付けてしまう。権威あるドクターがそういう名前を与えることで、そういう病気が生じてしまうのです。

ある時、沖縄の癌《がん》センターのドクターとお話をしたら、「アメリカや西洋の医学だけがすごく進歩しているように言うけれども、日本の医療もかなり進歩している」とのことでした。「西洋から学びに来るくらい最先端なのだ」と。何でも舶来ものがいいように思うけれども、日本にもすばらしいものがあります。

キリスト教が入ってくれば、お坊さんでもクリスマスを祝う。クリスチャンでもお祭りに行ったりする。日本という国は、とても信仰心のある国だと思います。

いろいろなものをとても柔軟に受け入れることのできる、おもしろい国ではないか。

それはやはり、日本の持っている本来の原始信仰というものは、神道です。神道とは自然崇拝であって宗教ではない。伊勢神宮にしても、御神鏡を通じて世界の弥栄《いやさか》をお祈りしているというわけです。日本の信仰というものは、すべてを飲み込んでいく、受け容れていく。

昔は神仏習合で、たとえば白山神社は、今は菊理媛《きくりひめ》神をお祀《まつ》りしていますが、千手観音様がお祀りされていたりしました。八坂神社も昔はお寺だった。そういうふうにすべてを併せていく自由な精神というものがあったのです。このすべてを受け容れていく自由な精神というものが、これからは必要だと思うのです。

先ほどの話にもどりましょう。

「子どもが自分を育ててくれるんだ」と感じることがまず第一。そう考えることによって、自分も負けないように育てていかなくてはならないわけだから、勉強もする。逆に言えば、学校の先生でも、生徒によって自分も勉強させていただくというのが本来の形です。自分が教師だから、教える立場だから何でもいいということではいけません。

お寺にある仏像というのは、参拝者に向かって合掌しています。来る方を拝んでいる。来る方を菩薩様が手を合わせて迎えてくださっている。これが、本来の教育のあるべき姿だと思うのです。

育てるのではなく、育ててもらっている。子どもが自分を成長させてくれていると考える。だから、ひきこもりだとか、いろいろな問題を起こしている子どもに対して、拝まなくてはいけないのです。

マザーテレサが「死を待つ家」を作ったのは、斃《たお》れている方を見た時に、イエス様がいる、イエス様が死にかけてそこにおられる、と感じたところから始まったそうです。

死にかけている方をイエス・キリストとして受け容れるわけです。シスターやクリスチャンはイエス・キリストを崇拝するわけだから、その人たちによって自分が救われている、と捉える。そういうところからマザーテレサの世界的な考え方というものが生まれてくるのです。

私が助けている、では終わってしまいます。私が助けているのではなくて、私が助けられている。だから、その人たちをずっと大切にしていくのです。

老人介護においても、そこにいる方々は自分を救うために現れたキリストであると考え、自分たちの大切な存在である方々をお世話させていただいているという気持ちになると、変わってきます。

たとえば、自分の両親が弱くなってきたとき、「なぜ私が面倒を見なくてはならないの」という人たちがいます。しかし、これでは、いつも介護は苦しみになります。介護をするということは、その弱い方々を、自分よりも高い存在であると考えて受け容れなければいけません。

今は、モラルとか哲学とか、信仰心、宗教心というものが教育の場からなくなってきています。しかし教育の中にこそ、信仰心や哲学が必要なのです。そういう教育がなされていれば、お父さん、お母さんがとてもすばらしい存在だということは、おのずとわかるものです。昔は『古事記』について教えておりましたが、だんだん今の日本の義務教育の中からも消えてしまいました。

今、若いお母さんたちの間で、子守唄や読み聞かせというものが見直されてきているそうです。とてもよいことです。

九州に「あっぷっぷ」という絵本のお店があるのですが、遠方からもお客さんが絵本を買いに来る。絵本の専門店はあまりないらしいのですが、そこで読み聞かせをすると、子どもたちがとても喜ぶそうです。

ロック歌手の忌野清志郎さんが、子どもができて間もないころに作ってくださった子守唄があります。「流れ星」というその曲は、本当におだやかで子守唄のようなリズムです。

神様は「子守唄を作りたい」と思うと、そういう扉を開けてくれるのです。「子守唄」というメッセージを求めると、天から子守唄が降って来るんですね。

子どもができるなど、子どもというものを通して、芸術家や作家は大きな影響を受けるようです。

子どもは天国から、いろいろなものを持ってくるのです。

いのちの尊さ

　良い本というものは、たった一言、たった一文に触れるだけでも、あなたの中に愛が注がれていくのです。

　美しい言葉に触れるだけで、その人の中にイメージが入りますから、説教くさく多くのことを語る必要はありません。迷っている人には端的に示すだけでいいのです。

「子どもって天使ですよ」。

　この一言でいい。魂に入っていれば熟成していきます。

　絶対大丈夫、という意識が大切です。大丈夫かな、と心配することは成長を止めてしまいます。信じることは、成長を開いていく。今の人は、失敗した後に心配するから成功しない。

よく「失敗は成功のもと」といいますが、これは、高慢な自分の心を、失敗という経験によってわからせてもらえたわけです。失敗によって、「ああ、これはやり過ぎたんだ」とか、「おごっていたんだ」と反省するから、成功につながるのです。

壁にぶちあたってしまった人は、どうすればよいのでしょうか。

「背水の陣」で、踏みとどまるしかないわけですから、頑張るしかない。それには、自分の未来とか自分の可能性とか、自分の役割を信じることです。

やはり、目に見えないものを信じる。道元、日蓮をはじめ多くの「信仰家」も、みな大変な道を歩まれるわけです。そして、もう信じるしかないというところまで行って初めて、自分の境地を開いていかれます。

私たちのいのちを信じる。いのちそのものが信仰ですから。

信仰の原動力は、いのちです。どんな世界中の名医であっても、私たちのいのちを見せることはできません。いのちそのものが信仰の原点。

生まれ変わってもずっとともにあるいのち。すべていのちがあるから、生命というものが生まれるわけです。冬になって枯れた木が、また春にすばらしい花を咲かせるというのは、その木にいのちが宿っているからです。信仰の原点というのは、いのちではないかと思うのです。

いのちの尊さというものを、もう少し感じることによって、いのちを絶つ方も減るのではないでしょうか。いのちを絶つことの恐ろしさというよりも、今の人がいのちの尊さを語っていないことが問題なのです。

痴呆の方にもいのちがある。いのちは崇高なものであり、すばらしいものである。いのちは尊い。

映画「アバター」の中で、動物が死んだ時に、女性が「あなたのいのちが私の中に受け継がれていきますように」と祈るシーンがあります。

「美しい言葉だな」と思いました。

迷いをはらう

子どもは自分の所有物だ、と思うから、必要以上にかわいがる。しかし、かわいいということも「ほこり」です。「ほこり」は「塵《ちり》・埃《あくた》」ですが、「誇り」という意味もかけてあります。

人間の迷いは「ほこり」から来ています。だから、心の掃除をしなさいよ、ということです。神道には「はらう」という言葉がありますが、はらう（払う）ということは、ほこりを払う。心の中の迷いを払いなさいということ。

両親が子どもを信じれば、子どもに対してそれほどかわいがり過ぎることもないのです。

子どもが所有物になっている。「私の子どもなのだから好きにしてもいいでしょう」と。しかし子どもは、天国から預かっている大切な借り物だということ、私たちのために天国から来てくれた天使だということを忘れています。

昔の寺子屋では、信仰というものが教育でした。今はそういうものが忘れ去られていると思うのです。「志を持って、こういう人間にする」という教育ではなくて、ただ「いい大学に行けばいい」というための、学校の勉強。志というものをもった教育ではない。これではスーパーマンも英雄も生まれてきません。

昔は、「自分はどうしても人を助けたい」という志で医者の道を目指した人がいました。よく「せっかく小さい頃からこれだけ教育したのに、結局、専門学校なんかへ行っちゃって残念です」という方がおられますが、自分の道を見極めたのですから、結構なことではないですか。

大学へ入ったからといって、いいわけではありません。親が子どもの可能性について、どれだけ本人と話をしているか、子どもとの会話が大切なのです。

昔は大家族でしたから、おじいちゃんもおばあちゃんもいて、そういう中で「仏さまに手を合わせましょう」とか、「お墓参りに行きましょう」とか、やさしさを学んだものです。子どもよりも孫のほうが育てやすいのですね。

おじいちゃん、おばあちゃんというのは、すばらしい力を持っているので、それを老人化してはいけない。お年寄りだって「孫のためにがんばろう」と思えば、痴呆になっている暇などありません。

自分の余生は孫のためにある。「孫のためにお芝居を見せにいく」とか、「すばらしいことを教えたい」とか、それが生きる楽しみになるわけです。

さて、現在は病院での出産が多くなりました。「育児施設には天使がいる」と言われるように、子どもが生まれる産婦人科のようなところは、いのちに満ちています。

病院とは、病気を治すところではなくて、病気を通じて意識を新しく生まれ変わらせる場所である。そういう観点に戻っていくことが、これからの医療では大切です。

最近の病院などはとてもきれいで、いわゆる病院くささがないように造られています。「病気を通じて生まれ変わる場所が病院である」という感覚をもつ病院が、これからもっと増えていかなければいけません。

病院とは、車の車検場みたいなものです。ちょっと傷んだ車が修理などで生まれ変わるところ。

古い考え方では、病院は病気を治すところ、死を待つところ、というイメージですが、生まれ変わる場所なら、エネルギーレベルが高くなくてはいけません。

病院そのものの考え方を変えていくことによって、医療というものは科学的な進歩だけでなく、精神的な進歩もしていかなくてはならない。

ローマ時代のイエス・キリスト生誕の地にあった病院などは、聖水があったり、祈りがあったり、聖書が置いてあったり、禊《みそ》ぎ場があったりして、そこで体を清めて生まれ変わり、リラックスするところだったようです。そういう考え方が大事なのではないかと思います。

一流の芸術にふれる教育

私がパリで個展を開いた時に、ちょうどパリのオペラ座にロシアのボリショイバレエ団が来ていました。前のほうで観ていたのですが、六歳の男の子が一番いい席で観ているのです。「お母さんと来たんだけれど、お母さんはずっと向こうにいる」という。たまたまそのお母さんが来たので聞いてみると、子どもはとてもバレエが好きだといいます。「一流のバレエを最高の席で観せてあげたい、私は末席でもいい」というのです。私は「なるほどな」と思いました。

一番感性のよい時に、親として何を与えるか。良いものを見せるということが必要ではないかと思うのです。

ゲームとかディズニーランドばかりではなく、ときには美術館に行くとか、音楽会に行くとか、わからなくても社会的によいと言われるものにじかに触れることが大切です。

歌舞伎役者の子どもがどのように伝統を受け継いでいるかというと、小さい頃から、いい歌舞伎を観て、いい三味線を聞いて、いい環境にいるのです。

そういうイメージトレーニングが必要かと思います。創造性、良いものに触れる教育こそが必要です。

「創造的な教育」ということがとても重要なのです。

大学に行くのが最終目的ではなく、絵がうまかったら絵を褒《ほ》めてあげよう、歌がうまかったら歌を褒めてあげよう、お行儀がよかったらそれを褒めてあげよう、褒めてあげることで可能性が開いていく。

これからの教育というのは、褒める教育。可能性を引っ張ってあげようという教育が必要なのです。

しかし、今は何をやっても「ダメ、ダメ、ダメ」と言われます。ダメ教育、落とす教育。ずっと落とす教育をしてきたのではないでしょうか。結局、ネガティブになっている。

いかにその生徒の才能を引き伸ばしてあげられるか。そういう情操教育というものがこれからは求められます。落とす教育ではなくて、可能性を引っ張る教育です。

教師の側から言えば、生徒を育てるということは、自分自身を育てるということです。人を教える以上は、それ相応の能力が必要ですから、教師はもっと勉強しなくてはいけない。

さて、神道でも、聖書でも、言霊の力ということが言われています。言葉というものには非常に大きな力があるので、私たちがふだんどのような言葉を出しているのかが大切になってきます。

聖書にも、あるお弟子さんがイエス様に「私たちは食べ物によって穢《けが》れるのでしょうか」と質問をする場面があります。これは、ユダヤ教では食事に対する規則が厳しいので、食事によって魂が汚れると解釈するところから来ています。それに対してイエス様は「そうではない。口から出るもの、あなたの吐く言葉によって穢れるのだ」と言うのです。

どういう言葉をあなたが日常の中で使っているか、その出した言葉によって周囲のみならず、あなた自身をも汚してしまっているのだ、ということです。裏返しに言えば、子ども、友達、ご主人、奥さんに対して、言葉を選んで美しい言葉を語ることが大切になってくるのです。

祝詞《のりと》というものがあります。これは神さまを讃え、賛美する言葉です。神様に対して美しい言葉を上げる。

たとえば、祝詞ではありませんが、『古事記』の中で素盞嗚尊《すさのおのみこと》が歌われた和歌がございます。

「八雲《やくも》立つ　出雲《いずも》八重垣《やえがき》　妻籠《つまご》みに　八重垣作る　その八重垣を」

これは、最愛の妻をさまざまなものから守るという思いが込められており、日本最古の和歌だと言われています。

日本の長唄、和歌とか、俳句とか、たとえば小林一茶にしても松尾芭蕉にしても、日本の歌の文化というものは美しいものです。

私たちの語るべき言葉は、人の深いところをみて五七五七七の歌のように語るべきではないか。よく考えて言葉にする時に、美しさというものが生まれてくるのではないかと思います。

優秀な子どもに育てたかったら、優秀な子どもに話すべき言葉を話しなさい。優秀な夫になってほしかったら、優秀な夫に話すべき言葉を話しなさい。優秀な子どもや夫に話すべき言葉を語れば、自分自身も優秀な人間になれるのです。

「あなたが吐く言葉によって汚れるように、あなたはまた吐く言葉によって浄められ、きれいになれます」と、イエス様も言っておられます。

幸せを呼ぶ「笑声」

笑声《えごえ》によって人は幸せになれます。笑顔と並んで笑声です。いかにみなさんは笑声を使っていますか。

たとえば電話をしていても、「この人はきっと、かなりお客様からクレームを言われているのかな」と思われるような、精神的に不安定な声のオペレーターがいます。その人に「ご苦労様です。これからも応援しますから頑張ってくださいい」と申し上げたことがありました。そうしたら電話口の向こうの方の声が変わり、「ありがとうございます」と涙ぐんでおっしゃいました。これまで、やさしい言葉をかけてもらったことがなかったのでしょうか。

あたたかい言葉をかけさせていただいた瞬間、その人は助かるのです。声によって、言葉によって助かる。そのことに、今の方々は気づいているでしょうか。気づいてあげてください。

無視されることが、人間にとって一番残酷なことです。頑張っている人に気づいてあげる、励ましてあげる、言葉をかけてあげるということは、とても大切です。どれだけ子どもに対して、ご主人に対して声をかけているでしょうか。「私だって忙しいのよ」「面倒くさいわ」ではなく。

もしかしたら、ご家族がもう少し、お父さん、お母さんにやさしく思いやりの声をかけていたら、病気にならなかったかもしれません。もう少しいたわりをかけていたら、気づいてあげていたら、寝たきりにならなかったかもしれません。

気づいてあげるということは、変化に気づくわけです。向かい合っていれば変化に気づけます。たとえばご主人がご飯を残したり、体調が悪そうだとか、いつもと違うなと気づいたら、ご主人の病気がひどくなる前に対処してあげられるかもしれません。ご主人に対して無関心であったら、大変なことになってしまうまで変化に気づくことができない。

現れてくることには、必ずそれなりの意味があります。

私が三十年、現場で悩んでいる方たちを見ていて思うのは、自分のことばかりにとらわれていると、子どもさんやご主人の変化に気づかない、ということ。

昔は宗教というよりも、信仰がありました。お寺に遊びに行っては、お坊さんから話を聞いて、「なるほどな」と思ったり、何か困ったことがあると「あんたちょっと顔色悪いよ、どうしたの、ちょっと仕事を休んだほうがいいよ」と声をかけてくれるおばちゃんがいたものです。

何でも言ってくれる人がいたわけですね。お坊さんではなくても、声をかけてくれたり、お説教してくれるような人がいたわけです。「あのおじいちゃんに言われると弱いんだよな」などと、気づくことができた。

今は、そういう関係が稀薄になってきています。社会とか他人に対して無関心な人が多いような気がします。それは、本当は無関心ではなくて、コミュニケーションが取れないのですね。勉強ばかりやってきた。インターネットやゲームしかやっていない。それでコミュニケーションというものが取れなくなる。社会性が養われていないのです。

社会性を養う場として、日本では昔から、「お祭り」がありました。たとえば九州博多の祇園山笠などは、大きなものを担いでやりますが、地域のコミュニティ（共同体）があります。祭りがコミュニティを造ってきたのでしょう。祇園祭、神田祭……地域のコミュニティを町のお年寄りが取り仕切っていた。子どもの頃から、そういうコミュニティがあって、おじさんに叱られたりして、いろいろ鍛えられながら大きくなる。祭りというのはすばらしい力があると思います。今ではお祭りも少なくなりました。

社員旅行などで、一緒に三日や一週間をともに過ごすことは、コミュニケーションを深める上で大変効果があります。

一緒に時を過ごすことによって信頼が生まれるのです。人のいろいろなあたたかい面が見えるからでしょう。

あいさつは「愛」から来る

あいさつは、愛から来るから「愛拶《あいさつ》」なのです。

「グッドモーニング（good morning）」の「グッド（good）」は、「ゴッド（god）」、つまり「神」から来ているようです。神様の祝福がある朝でありますように、ということです。

「グッド」、つまり「よい」という言葉は、神から来ている。神の祝福を受けることを指しています。愛に出会うから、あいさつ（愛拶）です。

そして、声に出して言うことは体にもいい。

それから、愛らしさ、愛嬌《あいきょう》というのは大事ですね。人間は本来そういうものを欲しているわけですから、自分のほしいと思うものを相手に与えること。やさしさを求める人は、自分からやさしくしていくことです。

声をかけてほしければ、自分から声をかけていかなければいけません。黙っている人も、心の中では声をかけてほしいのです。でもそれが、「ほしい、ほしい」と言っている間に、自分で自分の居場所を失っていく。居場所は自分から造らなければなりません。

「あの人は理解してくれないなあ」とよく言いますが、そうではなくて、こちらから理解していくという心がけが大切なのです。

「理解してくれない」というのは「ほしい」世界。

こちらから与えていくのです。何度も何度もそうやって声をかけていくことによって、相手も気づいてくれる。声をかけることを心がけるといいですね。

その際、明るく楽しい感じで、陽のエネルギーを発することが大切です。

私もこれまで、何人もの人から相談を受けて話を聞いてきましたが、陰のエネルギーで「あなたは何を悩んでいますか」と言っても人は寄ってきませんから、明るい、陽のエネルギーを発することを心がけてきました。

「この人はあたたかな人だな」と相手が思ってくれると「大徳寺さん、一つお聞きしてもいいですか」と言って来られます。心を開いてくれるのです。

たとえば、お店へ行った時、そこの店員さんがぶっきらぼうな対応だったとします。最初は、「この人、何か感じが悪いな」と思うのですが、「その笑っているお顔すてきですね」と言ってみると、「え？　笑っている顔？　そうかしら……」と、最初はムスッとしていたのが笑顔に変わっていきます。

初めから「この人は嫌な人だ」と思わないで、「この人はすてきなんだ」とこちらから思って接していけば、相手を変えていくことができるのです。

余計なことを言うよりも、時には沈黙も大事です。沈黙がかえって語ることもある。沈黙もまた、重要なコミュニケーションの一つなのです。

慈悲というのは、相手の痛みや喜びを感じて、相手の立場になってものごとを考えてあげること。本当に自分の愛する家族だと思って接することです。

「愛拶」も、「笑声」も同じことを言っています。

「笑声」というのは太陽です。相手が未来に喜べることを考えて語る、未来を思って語る、笑顔を言葉に託して語るのです。

また笑声は、「かわいらしさ、愛嬌」でもあります。よく愛想のない声で喋る人がいますが、もっとやさしく言えばいいのにと思う時があります。評判のいいお店には笑声があふれているものです。

「三つ子の魂百までも」とよく言いますけれども、子どもの頃に受けたやさしさは、人間の根本を造ります。この時に愛を感じられない子どもは、成長してもそれをずっと引きずっていきます。

特にものを語れない時期の子どもはもっとも大事です。この時にどれだけ愛するか、どれだけ子守唄を歌ってあげるか、ということがとても大切。本当に親の愛を受けて育った子どもは明るいし、やさしいです。

インドには「ハグの聖者」がいるそうです。聖者に抱きしめてもらえるだけで心がおだやかになるというのです。

私もよく握手をさせてもらいますが、目を見て握手をして差し上げると、それだけでも心がおだやかになられたように感じます。

また、私たちは紙とか数字にいかに支配されてしまっているか、を考えなくてはなりません。

私たちはお金や時間にどれくらい支配されているでしょうか。お金は使うもの、時間は活かすもの。活かすべきものを活かさず、使うべきものを使わずに支配されているということはないでしょうか。

最近、「パワースポット」というものが、雑誌でも特集されたりして人気があるようです。これは、何か力を得たいということの現われなのでしょうか。ただ、本来の正しい理解がされていないように思うのです。

自分の身近な神社でも小さなお寺でもいい、そこで自分が本当にありがとうと言える場所、感謝のできる場所にエネルギーが宿っています。遠いところに力の源があるわけではない。

たとえば、お昼ご飯にしても、ただ何気なく、お昼だから食べる、ということでは力をもらえません。本当にお昼をいただけて嬉しいという感謝の心、合掌していただく心があってこそ、力をいただけると思うのです。

食事というものは聖なるもの。

食事というのは、力が宿る場です。分かち合う瞬間、分かち合う心そのものがお祭りでもあります。神との共食によって力をいただく。

今生きている場所、家庭、家族に感謝して手を合わせること。
家庭こそが、真のパワースポットなのではないでしょうか。

心を自由に

私は最近「つばさ運動」をします。翼があるかのように肩のまわり、肩甲骨のところを動かすのです。そうすると楽になる。ここにはもともと翼があったのですから。本当はあったのに今はない。そこの筋肉を使っていないので、よくないのです。肩が凝《こ》るというのは、心が解放されていないから。

肩甲骨をほぐして、心を自由にすることが大切です。いろいろなことから解放されます。

お金にとらわれていればお金、子どもにとらわれていれば子ども。自分が気にすることによって、私たちはとらわれてしまうわけですから。

本当に自分が解放されたければ、目の前にある問題や課題に対して、もっとリラックスして、心を解放していくことです。気にしないこと。

他人の目を、いろいろ気にし過ぎているのではないでしょうか。「自分がしなくてはいけない」、「自分がやらなくてはいけない」。見た目にはすごく真面目な人だと思うけれども、「自分」があるのです。

「自分が」ではなくて、「みんなで」という気持ちになることが大事です。「自分が」という思いを取ることによって、心が解放されていくのだと思います。

そこで大切になってくるのは、すべては借り物であって自分のものではない、という意識をもつことです。財産にしても仕事にしても、すべて生きる上で借りているもの、貸していただいていることであって、自分のものでは一切ない。

こういう考え方に立ち返ったときに、心が解放されるのです。そうして、自分の心やいのちを大事にしていくこと。

「この仕事を辞めたら自分はダメなのではないか」。仕事を退職することになっても、「クビになった」とか「リストラに遭った」とかではなく、自分が次の段階に行くために神様が用意してくださったのだと考える。

そうすると、人を恨んだり会社を憎んだりということはなくなります。とらわれていたら、次の段階へは行けません。すべては借りものなのです。

自分にはこれしかできない、と錯覚してしまっているのかもしれません。だから同じ仕事ばかり探してしまう。

しかし、「自分はもっともっと可能性があるのではないか」と、もっと自分を開いていくことによって、人生は変わっていくように思います。

見返りを求めない愛とゆるし

子どもは天から預かっているもの。自分の人生のために天から預かっているのです。

坂田金時の母も、「この子は将来、世の中のためになる」という思いをもって子どもを育てたのでしょう。最後は、源頼光の家来に子どもを預けるのですが、「世の中に役立つすばらしい人間になることだけを私は願っている。私のことは考えなくていい」と言って山に戻っていくわけです。見返りを求めない愛ですね。

ご主人に対しても、友に対しても、すばらしい仕事をしていただくことだけを望む。女性というのは本来そういうものではないでしょうか。「生み出していく力」がある。

そしてまた、女性には「ゆるす力」があります。どんなに罪を犯しても、お母さんだけは最後にゆるしてくれる。「あなたを守っているわよ。あなたを信じているわ」と言って、ゆるしてくれる。母というものは、最後までゆるしてくれる存在です。女性には、そういう母になっていただきたい。

だから、心配で心配で子どものことをいちいち言う人は、本当に子どもを信じているとは言えません。子どもはおもちゃでもなければロボットでもない。

親というもの、女性というもの、お母さんというものは、目の前の子どものことを、もっともっと信じてあげてほしい。聖書にも「信じるものは救われる」とあります。そういう考え方が大切ではないかと思うのです。

幸せのこころ

親子でも性格は違います。

兄弟でも、めいめい考え方、思い方が違う。

だから物事というのは、かえってうまくいくのです。

よく「内の主人は理解してくれないのよ、聞いてくれないのよ」という方がいますけれども、それもまた、意味がある。

やはり、それぞれの考え方があって、物事というのはうまくいっています。

自分と相手の意見が合わないから、相手の考えが違うからといって、相手を攻めたり、相手を軽蔑するということは、軽蔑した側が損をする。

人をけなしたり、馬鹿にしたりするときに、損をするのは誰ですか。

そう、自分です。

自分が損をするのです。

人は、良い生き方をしなければ、良い昇天はできないのです。

「あの人に謝っておかなければ」「あの人と仲直りしなければ」と、たくさんの思いを持ち続けていると、心残りなく天に帰ることができない。

だから今日という日に、後悔のない生き方をすることが大切なのです。

大切なことは、
一日生涯。
良い生き方をしましょう。

人は助け合い、拝み合い、愛し合うために、心というすばらしい徳をいただいています。

すべての人が助け合わなければいけないのに、互いに傷つけ合っている。

まさに徳が無くなっているのです。

この世の中、科学が進歩して、とても華やいだように見えますけれども、本当にそれが繁栄でしょうか。

また、会社で出世するということだけが繁栄でしょうか。

神の目から見たら、それは繁栄とは言いません。

繁栄とは良い心が溢《あふ》れることです。

「こんなにも人が助け合いました」「こんなにもみんなが分かり合いました」と

みんなが心を合わせる世界が繁栄なのです。

たとえ四畳半一間であっても、そこに笑いがあって、優しさがあって、みんなで笑いながら温かい心で互いに助け合う。

たとえば「母さんが手袋を編んでくれた」と歌にあるように、お母さんも「寒いやろ」と思って手袋を編んで送ってくれた。それは目の粗いものかもしれない。でも、その子どもが、いただいた手袋を「こんなに価値のある物は世の中にない」と本当に大切にできるとしたら、それが繁栄なのです。

繁栄というのは、みんなが分かち合うこと。暖め合うこと、助け合うこと、信じ合うことが繁栄なのです。

『運』という字はどういう字でしょうか。
運ぶと書きますね。
運ぶというのは「行いなさい。どんどん行きなさい」ということ。
これはとても大切です。
運勢を良くするためには、自らが足を運ぶことです。
運べば運ぶほど運が良くなる。

しかし、運ぶためには前向きな気持ちで運ばなければいけません。後ろ向きになると立ち止まってしまうからです。

やはり前向きになると「頑張ろう」「やってみよう」「挑戦してみよう」と思うわけであります。

挑戦しても、挑戦してもなってこないのは意味があるわけで、そういうときには無理をせず現れてくることを待つのです。

たとえば自分の引き出しにある物を出してばかりいると、中の物はすべて使い果たしてしまうわけです。

だから、ちょっと仕事が減ったり、お休みが多くなることがあります。

そうしたら、空になった引き出しの中にたくさん物を入れなければなりません。

勉強しなさいということです。

栄枯盛衰と言いますが、そうではないのです。

良い時とか、悪い時とか、そういうことではないのです。

一生懸命仕事ができる時があれば、ちょっと仕事が減る時もあります。

仕事が減る時というのは、引き出しの中に物がなくなっているのです。

ちょうどお客さんが「あなたの引き出しにある物をもらいに来ましたよ」と言っても、入っていなかったら人に与えることができないでしょう。

止まるということは、勉強しなさいということ。

学びなさいということ。

引き出しにたくさん物を入れなさいということなのです。

人を助ける心がなかったら、世の中は乱れていきます。

仕事もすべては、人を助けるところから始まりました。お店も商いもそうでしょう。

たとえば農家の方が作物を作って、お米を作って「これを食べてもらいたい、喜んでもらいたい」というところから、お店屋さんが現れるわけです。

それが今は、人を助けるところから考えないで、儲《もう》ける心から考えるから世の中の経済が良くならない。

人を助ける心から考えていくと、自然に、そこにおまけで経済が付いてくるのです。

一攫千金《いっかくせんきん》ではないけれども、儲けばかりをまず考えて仕事をするから、一瞬だけパッと繁栄して、いつの間にかみんな塀の中に入ってしまう。

人を助ける心ではなく「儲けよう、儲けよう」と、裏を返せば「人を騙《だま》そう、騙そう」という心なのですね。

人を助ける心がないから繁栄しないのです。

さまざまな企業でも、賞味期限の問題などがなぜ起きるかと言ったら、愛の心がない。

「自分の大切な家族がこれを食べてくれるんだ」と思ったら、大事に考えるでしょう。

もし自分の子どもに食べさせようと思ったら、細かく成分や賞味期限を見ますね。

そういう企業の方も、もしかしたら巡り巡って自分の家族がいい加減な物を食べているかも知れません。

自分の大切な方たちのことを考えて仕事ができたら、それがすばらしいのです。

情熱を持って、勇気を持って、物事に臨みなさい。

慌《あわ》ててはいけないのです。

慌てずに、のんびり。物事を成すということは、深く、深く考えていかなければいけない。

物事を成さない人というのは、浅くて急ぎすぎているからです。

物事を成すためには、静かに、深く、物事を見る目を養って、物事を行うときには少し坐禅でも組むくらいの気持ちで、落ち着いて物事を良く考え、物を成すと良いのです。

そうすると本物が生まれてきます。

見えないところで一生懸命努力しなければいけません。

水鳥は、水の上を優雅に泳いでいても、涼しい顔をしながら、ちゃんと足をバタバタさせています。

根っこがちゃんとあるから、物事がきれいに動くわけです。

ですから、みなさんも沈まないようにしっかり足をバタバタさせてください。

沈まないように、よく根っこを動かして深く物事を行う。

それはやはり勉強すること。

そうしないと沈んでいく。

だから努力が大切なのです。

素直というのが、天で一番徳のある考え方です。

いつもきれいな水が流れているところというのは濁りません。

濁るというのは、そこに水が流れなくなる。

水が溜まってきてしまう。流れていかない。

どんなにささやかな水でも、サラサラ流れているところというのは、新しい水が流れるわけですから、きれいなのです。

このことを素直というのです。

思い出してください。

小さい頃、お母さんやお父さんから「これはしてはいけないよ」「ものを粗末にしてはいけないよ」と教えられた教えが、じつは深い愛情なのです。

「あれ買って」「はい」というのは愛情ではありません。

愛情というのは教えを与えることです。

今は本当の愛情を与えていないから子どもたちが育っていない。

「愛情を与えていますか」というと、「ええ、ちゃんとお金を与えています」

「私立学校に行かせています」「衣食には不自由させておりません。私は愛情をかけていますよ」と親はいうでしょう。
でもそれは本当の愛情なのでしょうか。
愛情とは教えです。
教えを伝えなければいけない。
お金を渡して物を与えることは簡単なものです。
でも教えを与えるということは、とても手間がかかります。
なぜなら、道理を教えていかなければならないからです。

人間は嫌われたくないのです。

でも、嫌われてもいいから、相手のために注意をしてくださる方、自分のために注意をしてくださる方というのが、本当に大切な方です。

それを忘れてはいけません。

親、兄弟であっても、嫌われたくないのです。

一生懸命注意をしてくださって、心をかけてくださる方を大切にしなかったらどうします。

自分の言葉と同調して「そうだ、そうだ」というイエスマンばかりが良い方とは限りません。

すばらしい人を神様は必ず側に置いてくれています。

それは奥さんかもしれない。ご主人かもしれない。子どもたちかもしれない。友人かもしれない。先生かもしれない。

それを嫌ってはいけません。

ご自分の痛めた足と反対側の足は、その痛んだ足を守るために、それ以上に努力してくれています。

人は痛んだところだけ「ああ痛い」「ああ大変だ」と思うかもしれませんが、足というのは両足があって歩くわけですね。

痛んだ足を支えるように、片方の足が一生懸命踏ん張ってくれている。

この頑張っている足に「ありがとう」と言ってあげてください。

そうすると、どんどん良くなっていきますよ。

痛い方の足だけ「早く良くなれ」ではなく、頑張っている足を「ご苦労さん」といたわってあげてこそ、すべてがよくなってくるのです。

たとえば、ご自分の身内で、年老いたお母さんやお祖母《ばあ》さんをお守りくださっている方、お世話くださる方に対する優しさ、これはとても大切ですね。

人は老いた方、また病んでいる方のことばかり考えますけれども、それを支えてくださる方に、それよりも深い愛をかけてあげること。

それが本当の愛というものです。

一生懸命支える方々の努力があって、本当に感じてくれる。

支えるということの大切さ、その深さを感じてください。

これが「互い、立て合い、助け合い」ということなのです。

この世の中で自分にとって不都合なことが起きてくると、たとえば、「病気になった」とか、「問題が起きた」とか、それをすごく悪いことに思ってしまう。

神様は「和解」ということをおっしゃいます。

「病気は無い、問題は無い、患いは無い、苦しみは無い、心配は無い」と、無い世界にもっていくことが、和解なのです。

さまざまな問題やさまざまな出来事をそれぞれに経験していると思います。

そういう経験をした時に、「あぁ、なぜ自分はこんな問題に出合うのだろうか、病気に出合うのだろうか、なぜこういうふうなことを言われなければいけないのだろうか」と、そういう時に常に前向きな気持ちで、「あぁ、きっとこれは意味があって現れたことである、悪いことなど一つもないのだ」と思うと、人生というのは、とても良く変わるわけです。

どんな大変な中でも笑う、これも大変な苦行であります。

人は前向きに、いつも良いことを考えていたら、夢が叶うのです。

夢なんて叶わない、と思うから、叶わない。

夢を信じてゆくこと。

子どもに必要なのは、愛情です。

愛情を持つこと。

それがとても必要です。

「三つ子の魂百までも」と言いますから、特に、幼い頃にたくさんの愛情をかけてもらうと、子どもは優しく育つのです。

おんぶしているときは一生懸命おんぶしてあげてください。

触れてあげてください。

そして、愛というのは、見守ってあげること。

無視してはいけません。

世の中で一番残酷なのは無視することです。

さまざまなことが起きていても、「自分には関係ない」と言って無視することが一番残酷です。

最も暖かいのは慈悲の心。

慈悲の心というのは、母の心です。

「人を助ける心を持ってくださったら、必ず自分自身が助かりますよ」。

なぜ幸福になれないのでしょうか。

幸せを与えていないからです。

なぜ微笑《ほほえ》めないのでしょうか。

微笑みを与えていないからです。

なぜ豊かになれないのでしょうか。

人を豊かにしないからです。

自分が気づいて行ってこそ、初めて幸せにもなる、健康にもなる、豊かにもなる、幸せにもなるのです。

蒔《ま》きなさい。
この世の中に皆さんが欲していることを行いなさい。
幸せになりたいと思ったら、人を幸せにしなさい。
笑顔を欲しいと思ったら、笑顔でいなさい。
美しくなりたいと思ったら、美しい心でいなさい。
そうすれば必ず幸福になることができます。
健康になりたいと思ったら、一生懸命、人の健康のために尽くしてください。
与えなければいけません。
行わなければいけません。

この世に生まれた人はどういう使命を持って生まれているのかというと、助け合うことです。

助け合うことを忘れてしまうと、世の中は滅びる。

助け合うことを忘れて自分だけ利を得ようという心が現れてくると、戦争が起こり、病気が起こり、醜さが生じます。

皆さんは、この世を助けるために生まれてきたのです。

人さまのために、世の中のために、何か良いことをするために生まれてきたのです。

たとえば、自分がどんなに偉くなっても、両親がいて今の自分があることを感じることが大切です。

人はおごる時に「自分を偉い」と思ってしまう。

ちょっと調子がいいと敬いの心を忘れ、自分が一番偉いと思ってしまうのです。

親がいて、先輩がいて、自分がある。

どんなに成功しても、謙虚な心を持ってこそ、心が自由なのです。

心の慢心こそ、一番怖いことです。

良いことをしてください。

大小は関係ありません。

心を込めているかということに意義があります。

喉が渇いてる方に、心を込めてお水を差し上げるだけでも、すばらしいことです。

仏教のお話の中に、スジャータが、お釈迦様に一杯の乳粥《ちちがゆ》を心を込めて供養したという物語があります。

スジャータは、そこにいる方が、いずれブッダといわれる方になろうとは、夢にも思っていなかったでしょう。

ただ、「死にかけていた一人の貧しい僧侶がいる。何とか元気になってもらいたい」という心を込めて、乳粥を差し上げたのです。

そういう真心によって、お釈迦様の心が開かれ、悟りへの糸口をつかまれたのです。

皆さんも、心を込めてしたことが、いずれ美しい物語を生むかもしれません。

心を込めること、思いを込めること、相手を敬うこと、相手のために祈ること。大小など関係ありません。

良いことをしましょう。

ありがたいと思うと、水でも栄養になることがあります。
ありがたいと受け取ったら、水でもお白湯でも、人の体に力を与えるものです。
豪華なもの、栄養の高いものばかりが、人の体を元気にするわけではありません。
心を込めたものは、誠にわずかなものでも、人の身を守ることができます。
それを大切に思うこと、ありがたいと思う心が大切です。

すべて、ことを成す時に、祈りをもって行うこと。

朝、起きてものを成す時も、仕事をする時も、まず祈りをもって、ものを成すべきです。

祈りは天との結び。天の結びがあってこそ、大きな道が生まれてきます。

たとえて言えば、祈りというのは、天国に電話を掛けるようなものです。

天国へ電話を掛けると、そこから物事が始まってくる。

それがいつも「面倒くさいなぁ、やだなぁ、大変だなぁ、辛いなぁ」と思って物事をしようとすると、決していい結果を得ることはできません。

学ぼうと思う心があったら、いくらでも人は成長することができます。

魂は成長しています。

この魂を成長させるためには、どうすればいいのでしょうか。

人のために考え、「世の中を何とかいい世界にしよう」と思うと、魂はドンドン成長していくのです。

自分のことしか考えなかったら、魂は閉じていきます。

「自分がどうしても気に食わない」、「どうしても腹が立つ」。

それって自分自身なんですよ。

自分と同じところを何か持っていると、もう嫌で嫌でしょうがなくなってくる。

憎んだり、腹が立ったり、気になってしょうがない。

それはすべて、自分の持っている鏡の姿です。

それを何とか乗り超えて生きていくと、自分を乗り超えることができる。

「あぁ、これも自分の中にあるから見せられているのかなぁ」と思って乗り超えていくと、今度は自分の中のもう一つの自分に出会えるようになってきます。

自分を乗り超えるために、さまざまな人に出会わせてくれているのです。

ありがたいことです。

「火事場の馬鹿力」とよく言いますが、人を救《たす》ける心になると、弱々しい人でも、思いがけない力が現れてきます。

これが心の力です。

心の力はどうやって出るのでしょうか。

相手を大切に思ったときです。相手を大事に思ったときに、心の中の光が顕れて、力が現れてくるのです。

人間というのは、人の為に尽くしたり、良いことをしようと思うと、ハッスル、ハッスルするでしょう。

発する時というのは、人にも光をかけていますが、自分も光を浴びているから元気になるのです。

だから皆さん、ハッスルしてください。

これから皆さんがすべきことは、自分に親切に、自分に優しくすることです。
皆さんの体は神様からの借り物です。
もっと自分を褒《ほ》めてあげましょう。
「身近な方に対する思いやり」。
最も身近なのは、誰でしょうか。
そう、自分です。
自分に対して親切にすると、心の鉛が消えていくのです。
自分自身を褒《ほ》めてあげると、力が顕れてくるのです。

感じることができれば、今、息子さんに何をすべきか、友達に何をすべきか、自分に何をすべきかがわかってきます。

考えるのではありません、感じるのです。

感じるためにどうすればいいかというと、相手を愛すること。

この愛という心は、神様からいただいた最高のギフトです。

愛する心というのは、天国からいただいた最高の贈り物なのです。

さまざまなことがあります。病気や悩みがあります。
そういう中で、それぞれ神様の祝福をいただいている。
神様が愛情というものをくださったおかげで、みんな磨かれているのです。
自分の中の幼い心や未熟な心を、愛情が育ててくれます。
愛情があるから、いろんなことに出合っても頑張ろうという気持ちになる。
だから決して悪いことを考えず、自分自身を磨いてください。
人を思いやる心、大事に思う心、子を思う心。
それは己《おのれ》を磨き、また相手を磨く力です。
不安な心をすべて取り去ってください。

良い考え方に出合う方法は、欲を無くすことです。
欲をとり、素直になると、良い考え方が聞こえてきます。
素直になれば神様がちゃんと手を差しのべてくれます。
神様はいつも手を差しのべてくれるので、その手を感謝をもってつかむのです。
手を合わせること。心を合わせることです。
神様と同じ心になれば、力がドンドン湧き上がってきます。
皆さんの心の中に、神様の力があるのです。

ぜんぶ自分が幸せも不幸せも作っているのだから、いい心を使っていたら、いい世界が開くのは当たり前です。

へそ曲がりに生きていたら、へそ曲がりの世界を作っています。

イライラしていたら、イライラした世界を作っています。

すべては自分の心が作っている。

自分の心が変われば救《たす》かるのです。

別に心が悪いから風邪を引いたわけではありません。

それも意味があって風邪を引かせていただいたわけですから、大事にしてください。

体が痛むということは、お休みしなさいというお知らせです。

それを悪いほうに考えたら「因縁が悪い、心遣いが悪い、悪い、悪い」となって、悪くなるのです。

「ありがたい！　お休みをいただけてありがたい」と思うと、ありがたい世界が開きます。

ありがたい世界を開きましょう。

まさに秘めたることがすばらしい。
秘めたるものというのが生命です。
この秘めたるものを肥やしなさい。
そのためには、良いお話を聞く、良いことを話す、良い考え方を持つこと。
生きている間に天国に住んだほうがいいでしょう。
生きている間に神様に天国に導いてもらったほうがいい。

言われたからではなく、意志を持って、志を持って成すことを忘れてはいけません。

なぜなら、それぞれに心があり、生命があるということは、人形ではないということです。

神がなぜ一人一人に心を与えているかというと、意志を持って行いなさいという親心なのです。

もし皆さんが、「神様に決められた運命なのよ、宿命なのよ」と言うのだったら、皆同じ考え方、同じ顔。

めいめい考え方も思い方も違うということは、皆さんは決して人形ではなく、神の子であるということなのです。

それを忘れてはいけません。

幸せというのは、自覚することによって顕れてくるのです。
真の自覚で得る幸福というのは、種を育てること。
この一粒万倍の種から、もう畑一杯の幸せが顕れる。
これは生涯刈り取りながら、生涯豊かになる道です。
自覚とは種です。
この種を蒔く、それを育てる。
この種を育てる肥やしというのが、信じるということです。

さまざまなこと、悩み、問題、でも、よくよく考えて見ると、たいしたことのないことで悩んでいることが実は多い。

悩みというのは、素直になったら消えることが多いのです。

悩みというのは、どこかにプライドがあったり、どこかに負けん気があったり、どこかで意地を張っていたりするわけです。

今はでくの坊でも、教えによって、余分なところをコーンコーンと神様が削ってくれている。

啐啄同時《そったくどうじ》という言葉があります。卵があって、親鳥とひな鳥が一緒に嘴《くちばし》を合わせて殻を破るのです。

今は親鳥の神様が、なんとか皆さんの殻を破ろうと思って、一生懸命、外側から「殻を破ろう、子どもを出そう」と思っています。

でも皆さんは自覚をしていない。

自覚というのは、中から嘴で割る姿です。

「私は神の子なり。私は病ではない。私は幸福なり」と思うと、神様は「そうだよ！　病ではない。幸福だよ」といって殻を破ろうとしてくれるのです。互いに合った時に、パンと卵が割れる。そして、可愛いひよこがピッピッピッと出るわけです。

そうやって神様が手を伸ばしてくれるから、皆さんも心の手を伸ばした時に、本当のことが顕れてくる、本当の実相が顕れてくるのです。

それをしっかりと意識して、心根を磨いてください。

皆さんは必ず幸せになる。いえ、もう幸せになっている方です。

「私は幸せなり」ということを、心の内に自覚してください。

そうすることによって、とても大きく変わることができるのです。

人はいろいろなことに、こだわりを持っています。

「自分は病んでいる」とか、「大変だ」とか、「苦しい」とか、さまざまなこだわりを持って、人は生きています。

現れていること、形、物質、さまざまなことに目を向けて、形に囚《とら》われ、思いに囚われています。

病気を棄《す》てましょう。苦しみを棄てましょう。

そういう重い物を全部棄てましょう。

まさに棄てること、そして、生かされていることを喜ぶことです。

人というものは、何かをつかむと「失いたくない、離したくない、なくしたくない」と思う。

たとえば、物を握ったまま崖に落ちました。そこに神様がすーっと紐《ひも》をさしのべて、「さあ、つかまりなさい」といわれる。

でも皆さんは「いいえ、これをなくしたくない、失いたくない」という。そうすると、落ちてしまうわけです。

そういう時は、つかんでいる物を離せばいい。

離せばつかめるのです。

皆さんは、いろんな物や思いに囚われています。

この世のものは、皆、神様が貸してくださっている。兄弟も、親も、財産も、人生も貸してくださっているのです。

唯一、皆さんのものは何でしょうか。

心です。

この世界で地獄より重いものは何でしょうか。

戦争です。

夫婦げんか、兄弟げんか、さまざまに争い合うこと、まさに戦争です。

戦争とは、皆さんの愛する人が、帰ってこないことです。

「お母さん待っていてね」と手を振って出ていった子どもが、帰ってこないのが戦争です。

愛するご主人が「行ってくるよ」と言って、帰ってこないのが戦争です。

やさしい年老いたお母さんが、杖をつきながら「ちょっと散歩に行ってくるよ」と言って、帰ってこないのが戦争です。

戦争は与えてくれません。

家を奪い、財産を奪い、大切なものを全部奪っていきます。

だから皆さんも、戦争をしないでください。

与え合ってください。

話し合ってください。

お宝だとか、目先の欲で競い合い、争い合い、奪い合っていませんか。

自分だけがよくなりたいとか、自分だけが幸せになればいいと思うことも、戦争と同じです。

人の幸せを念じること。

人の幸せを心から念じ、家族の幸せを念ずることが大切です。

稽古《けいこ》をつけていただく時に、まず師匠に何と言いますか。

「よろしくお願いします」ですね。

稽古が終わったら、「ありがとうございます」。

そう、これが祈りなのです。

稽古をつけていただく時には、「おはようございます。ご機嫌よろしゅうございます。今日も、お稽古よろしくお願いいたします」。

そうして人生の稽古をつけていただいたら、「ありがとうございます。本当に学ばせていただきました」。

これが日常です。さまざまに稽古をつけていただく。

たとえば、仕事もそうです。仕事も稽古です。

仕事場に行って、「今日も一日よろしくお願いいたします」。終わった後に「ありがとうございます」。

そうすると、仕事が伸びるのです。

人が損をするのは、頭の中で計算してお付き合いをするからです。

計算するということは、奪っているわけです。

「いくら取ろうかしら」と思うわけです。

それが計算ではなくて、「ああ、自分はもうこれだけ本当に幸せをいただいて、感謝です。何でもさせていただきます。嬉しいです」と言ったら、みんな重宝に思って仕事もくださる、人のつながりもくださる、良い人だったら、呼んでくださるのです。

人間、心のあり方です。

「あの人の顔を見ているだけでも元気になるわ。来てくれないかしら、呼んでみようかしら」というように。

それだけで世の中を良くすることができる。

豊かにすることができるのです。

拝み合うこと。
勇気がいるかもしれないけれど、拝み合って磨き合うことです。
拝むということは、磨くことです。
拝むということは、許すことです。
勇気を持って許すことは、とても大変です。
大変ですけれども、磨かれるのです。
ご主人を許し、子どもを許し、さまざまなことを許し、拝むこと。
すると、心はどんどん磨かれていきます。
泣きたい時もあるでしょう。
悔しくてカーッと思う時もあるでしょう。

でも、そういうなかで拝むことによって、ますます自分の心が磨かれてくる。

良いところも見えてくる。

自分の心も練られてくる。

兄弟も仲間も、人間というものは、どんなに仲が良くても、喧嘩もすれば、いがみ合うこともある。

その中から磨かれていくわけです。

人間は人間でしか磨かれません。

あたかもダイヤモンドがダイヤモンドでしか磨けないようなものです。

人は、人によって磨かれます。

人間は、人間の言葉、人間の心で磨かれるのです。

どのようなお宝も、天からの貸し物、借り物です。

皆さんの住んでいるところも、皆、貸していただいているところです。

それにもかかわらず、ほとんどの方が、家賃を踏み倒して、払っていない。

家賃も払わずに、「大変なことになった」「病気になった」と、いろいろなことを言うわけです。

家賃とは何でしょうか。

神様にお金を供えればいいのでしょうか。
物を供えればいいのでしょうか。
違いますね。
家賃とは、人を助ける心。
天の家賃というのは、人を助けなさいということ。
人助けをしなさいということです。

欲の心や短気の心は、いくらこの世の中に名医がいて検査しても出ません。
でも、これも考えたら、病気みたいなものです。
それで周りを不幸にしてしまう人もいる。
でも、検査に出ないから、入院もできないわけです。
考えてみると、本当にそうです。
人間の心づかいというのは数字に出ません。
でも、この心づかいというものが、人生を良くも悪くもする。
一番直さなくてはいけないことです。

出世とは何でしょうか。

天から見たら、出世というのは、自分が自分に嘘をつかず、正しい行いをして、幸せに一生を過ごすこと。

それが出世なのです。

子どもを育て、妻を愛し、夫を愛し、本当に幸せな姿になるというのが、本当の出世です。

人間というのは、いろいろな地位を得るけれども、上に行けば行くほど頭を下げて通らなければいけません。
社長になったら、下に座って頭を下げるぐらいがちょうどいいのです。
考えてみると、人間というのは持ち過ぎると倒れてしまいます。
宝を背負うわけですから、一所懸命、頭を下げていないと倒れてしまう。
偉くなれば偉くなるほど、頭を下げて、低く通る。
これが天の理です。

皆さんの命は、ご先祖様が多くのことを乗り越えて、頑張ってきたからこそ、今あるわけです。

ご先祖様がいなかったら、今の皆さんは存在しません。

先祖というのは親です。

親を敬うこと。

この敬うという心がとても大切です。

敬うことを「うやむや」にするから世の中がおかしくなるのです。

自分一人で大きくなった心でいるから、世の中がおかしくなる。

皆さんがお宝やお仕事を得ることができるのも、先祖が命をつないでくれているからこそです。

そして、その先祖もまた、たくさんの方のお力をいただいて生きたのです。

「教え」というのは、特別な、神秘的な力を得ることではありません。子どもさんや、ご主人、家族の価値を知ること、身近な人の大切さを教えていただけること、それが神様の教え。

何でもないこと、当たり前だと思っていたこと。それが当たり前のことではないと知ること、人に対する感謝の心を知ることが教えなのです。

もし何かお仕事をいただいたら、その仕事の大切さを知ること、もし側にお孫さんがいたら、お孫さんのすばらしさを知ること、それが教えです。

神秘的な力を得ること、特別な力を得ることではない。

教えというのは、まさにそういうことです。

見ようとするのではなく、感じること。
本物を知りたいときには、目を静かに瞑《つむ》って、心で感じようとすることです。
本物は、目には見えません。
皆さんの命も見えないでしょう。
真心も見えないでしょう。
見えているものに騙されてはいけません。
心で見ること。
感じることです。

大変な時、苦しい時、人は神様に凭《もた》れます。

でも、何もない時、平穏な時には、すべて自分の力で物事が運んでいると思い込んでしまっている。

車の運転に似ていますね。

免許を取り立ての頃は、かえって安全です。

「私はベテラン」と思ったときから、事故が多くなるわけです。

人生も同じです。

ベテランになったと思ったら、気をつけましょう。

いろいろな問題をいただいた方が、その問題から抜け出るには、人に与えればいいのです。

たとえば病気をいただいたら、「ああ、そうか。神様は『与えなさい』とおっしゃっているんだな」と思って、家族や人に与えればいいのです。

神様は、お金や物を与えなさいとは言いません。

「心を与えなさい」とおっしゃっています。

人をやさしく思いやり、やさしい言葉をかけること。

自分が大変なときこそ、人にやさしい言葉、与える言葉をしっかりとかけていると、自然にいろいろなことがよくなってきます。これが大切ですね。

よい言葉をかけ、与えているうちに、いつの間にか自分の居場所がよくなっていくわけです。

皆さんが、好きでも嫌いでもない山登りをさせられたとします。

「こんちきしょう」と言って登っていたら、途中で嫌になってしまうでしょう。

そうではなくて、

「上に行ったら良い景色が見えるよ」「良い空気が吸えるよ」「花も咲いているよ」「ああ、楽しみ」

と思うから、頂上までいけるのです。

人生は山登りです。

ご家族もお友達も、皆一緒に山に登っている。

途中、さまざまなことが起きます。そういう時に「一緒に登ろうよ」と家族を励まし、お母さんを励まし、お嬢さんを励まします。

そうすると、本当に思いがけない力が顕われてくるのです。

皆さんは、いろいろと美味《おい》しいものや、栄養のあるものをたくさん食べていると思います。

でも、食べ物では、魂を育てることはできません。

魂は、「人が喜ぶことをしたい、人が喜ぶ顔が見たい」と思うと育っていきます。

魂を育てることが大切です。

皆さんが、考えることができたり、生きることができるのは、脳が働いてるからではありません。

魂が働いている、生命が働いているからです。

だからこそ、魂を育てることが大切なのです。

昔、奈良の時代に、光明皇后という方がおられました。

光明皇后は、千人もの病の方のお背中を流して差し上げました。

すると、最後の千人目の方が、「自分は身体から膿《うみ》が出てとても辛い。どうぞ膿を吸い出してください」と言ったのです。

そこで、光明皇后は、言われた通り膿を吸い出しました。

すると、なんとその方が、仏の姿に変わったという話です。

光明皇后は、初めは「私が世の中を救います」という心だったのだと思います。

それがだんだんと「救《たす》けていただいている。ありがたい」という気持ちに変わってきた。

そういう気持ちで最後の千人目の方の膿を吸ったから、仏の姿が現われたんですね。

「救けている」のではなく、「救けられている」ということを、千人の方を通じて学んだのです。

著者紹介

大徳寺昭輝（だいとくじ・てるあき）

1963（昭和38）年東京生まれ。18歳の時に天啓を受けて心の道に進み、書画、歌、舞、芝居、講演、著述など多彩な表現活動で〝大自然の心〟を伝えている。神奈川県湯河原町にある自宅を「天命庵」と号して八の日（8、18、28日）に開放し、訪れる人々と祈りや語らいの時を過ごしている。1985年作家芹沢光治良氏に師事。その出会いから芹沢光治良著「神の微笑」（新潮社）に始まる8冊の〝神シリーズ〟が生まれた。1990年東京鳩居堂で書展「大徳寺昭輝展 東方の光」を開催。以後毎年クリスマスの時期に開く個展は恒例となり、これまでにパリ、ニューヨーク、北京、国内各地で個展を開催。1992年音楽活動を始め全国各地でコンサートを開催。CD「心の調べ」（ビクター）「天国に続く道」（東芝EMI）「陽気に」（光有堂）「天国に続く道　第二章」（空想レコード）等をリリース。2003年AMラジオで「大徳寺昭輝よりkokoroへ」を放送開始。北海道から沖縄、ハワイまで全16局でオンエアーしパーソナリティをつとめる。2004年「大徳寺昭輝　昔ばなし」、2006年から「大徳寺昭輝　天の夢」で書き下ろし長編ラジオドラマ「神武天皇」を独演し、古事記の世界を情緒豊かに語っている。2007年大阪、富山、東京他で泉鏡花作「天守物語」を公演、自ら〝天守夫人 富姫〟役で主演、演出を兼ねる。続いて泉鏡花作「婦系図」より「湯島の白梅」でも〝お蔦〟を演じ、演出も行う。さらに一人芝居「湯島の白梅」を各地で公演。

著書に『21世紀の風』（大法輪閣）、『幸長』『kokoro』『Angel to Angel』『いのちの光』『愛をこめて』（春秋社）、『光乃紡ぎ』（光有堂）他。

愛に抱かれて

2010年9月9日　第1刷発行

著者©＝大徳寺昭輝
発行者＝神田　明
発行所＝株式会社　春秋社
〒101-0021　東京都千代田区外神田2-18-6
電話　(03) 3255-9611（営業）(03) 3255-9614（編集）
振替　00180-6-24861
http://www.shunjusha.co.jp/
印刷・製本＝萩原印刷株式会社

ISBN978-4-393-29199-3　C0014　　Printed in Japan
定価はカバーに表示してあります